सदी के छूटते संस्कार

(काव्य संग्रह)

युसुफ अली

TANEESHA
PUBLISHERS

Title : Sadee Ke Chootate Sanskar

Author : Yusuf Ali

Edition : First (June, 2025)

ISBN : 9789349789364

Published by

TANEESHA PUBLISHERS | *A Venture by -* **PRACHI DIGITAL PUBLICATION**

Regd. Add.: 254, Khuriyakhatta No. 10, Bindukhatta,
Lalkuan, Nainital - 262402, Uttarakhand, India
Website : www.taneeshapublishers.in
E-mail : taneeshapublishers@gmail.com
Phone : +91 8454 812712, +91 8057 812712

Printed by :
Manipal Technologies Limited, Bengaluru - 560001, Karnataka

प्रार्थना

**ये कृति मेरी पूज्य माताश्री
स्व0 श्रीमती हसीना को
सादर समर्पित।**

अनुक्रमिका

—भारत—मिट्टी की महिमा—

जो पैदा होते धाय—धरा बन जाती है,
और उंगली थामे यौवन तक पहुँचाती है।
मेरी मृत्यु पर भी जिसने मेरा साथ दिया,
बह मिट्टी मेरी भारत माँ कहलाती है,
हमें प्यार से लादे अपने कन्धों पर,
और अपने आँचल में नींद सुलाती है।
भरती है पेट हमारा खुद की हस्ती खोकर,
अक्सर भूखी प्यासी खुद रह जाती है।
सारे पापों के बोझ हमारे ढोये हैं,
स्वयं के पुण्य कर्मों से लहलहा जाती है।
सत्य—अहिंसा पैदा है इस ही मिट्टी से,
ये जग—आंगन में प्रेम के दीप जलाती है।
इस मिट्टी के कण—कण में बलिदान छिपे हैं,
ये जग को मानव—हित के गीत सुनाती है।
गंगा और कावेरी बहती इस मिट्टी में
जो सुख—समृद्धि और वैभवता दे जाती है।
ये मिट्टी हमारे सुख—दुख की साथी है,
हर संकट में ये मिट्टी ही साथ निभाती है।
पूरब से पश्चिम और उत्तर से दक्षिण,
ये मिट्टी ही सोना—चाँदी उपजाती है।
इस मिट्टी ने दुश्मन के खट्टे दांत किये,
ये स्वाभिमान से जीने की सीख सिखाती है।
परिश्रम से बढ़कर कोई उपाय नहीं,
परिश्रम से हर वस्तु मिल जाती है।
सिखलाती है ऐसी सीख जन—जन को,
हम हैं हिन्दुस्तानी ये अहसास दिलाती है।
ऐसी वात्सल्य भरी माता जग में नहीं मिलती,
पुण्य कर्मो से ही ऐसी माँ मिल जाती है।
मेरी मृत्यु पर भी जिसने मेरा साथ दिया,
वह मिट्टी मेरी भारत माँ कहलाती है।

काश्मीर की कहानी

मैं भारत माँ की ताज बनी,
काश्मीर धरा कहलाती हूँ,
मैं भारत हूँ, है भारत मेरा,
सौगन्ध ये खाकर कहती हूँ।
एक–एक वादी, एक एक घाटी
एक–एक पर्वत, एक–एक नदियाँ,
सब जुड़े है भारत धरती से,
ये देख सँवर मैं जाती हूँ।
चप्पे–चप्पे पर मेरे घर के,
देखो हिन्द लिखा और जन गण मन,
जहाँ रहते है सब बड़े प्यार से
यूँ ही देव धरा कहलाती हूँ।
ऐ मुल्क के मेरे बासिन्दों तुम,
जिस घर में मेरे रहते हो,
वह जन्नत है इस दुनिया की,
और हिन्दी मैं कहलाती हूँ।
गंगा, जमुना और सरस्वती,
बहता है इनमें मेरा तन,
रामेश्वरम तक फैली हूँ मैं,
जहाँ सागर से पग धुलवाती हूँ,
पूरब में मेरे अरूणाचल।
पश्चिम में मेरे कच्छ का रन,
फैली हूँ एक महाद्वीप सी।
अपनी किस्मत पर इठलाती हूँ।
मुझ पर मर मिटने का जज़्बा।
हर हिन्दुस्तानी रखता है,
नापक निगाहें ना कोई डाले,
ये सारे जग को बतलाती हूँ,
इस मेरे घर की सरहद पर,
अरबों आँखों का पहरा है।
मैं ताज बनी हूँ ताजमहल की,
और सत्य की दुल्हन बन जाती हूँ।

तिरंगा

सत्य, अहिंसा कर्म योग का
जो दीप जलाये रहता है,
आजादी पर मिटने की,
गाथा कहता रहता है।
हर हिन्दुस्तानी जिसके आगे
झुक जाता है आदर से,
जिसको विश्वव्यापी गर्व से
हर हिन्दुस्तानी कहता है।
जिसके अन्दर अनगिनत छिपी,
हों कहाँनियाँ बलिदानों की,
भगतसिंह, आजाद और बिस्मिल,
इनकी याद दिलाता रहता है।
जब सरहद पर लहराता है,
तो दुश्मन भी डर जाता है,
मेरी सरहद से पीछे रहना,
दुश्मन से कहता रहता है।
आन, बान और शान छिपी है,
हम सबकी इसके धागों में,
धागे–धागे में देश प्रेम का
लहू जो बहता रहता है।
रीत–प्रीत कर्त्तव्य बोध,
सिखलाता है पग–पग पर,
हर जुर्म से टक्कर लेने वाला,
प्रहरी बनकर रहता है।
हिन्दु, मुस्लिम, सिख, ईसाई,
सबकी आँखों का तारा है,
सारे मिलकर रहो प्रेम से,
ऐसी सीख ये देता रहता है।
तीन रंग है नाम तिरंगा,
इसे अरबों हाथ उठाये हैं,
और एक स्वर में सीना ताने,
जय भारत कहता रहता है।

मेरी माँ

मैंने उस माटी में जन्म लिया,
जो भारत माँ कहलाती है,
कण कण में माँ का प्यार भरा,
नित नव जीवन दे जाती है।
मेरे सुख–दुख की ये साथी है,
आँचल में इसके प्यार भरा,
सुख–शांति की ये मूरत है,
और स्वर्ग धरा कहलाती है।
इस माटी के जब दीप जलें,
सारा जग रोशन होता है,
जलो तो हर लो जग का तम,
संदेशा ये दे जाती है।
यहाँ राम कृष्ण ने जन्म लिया,
ये महावीर बुद्ध की जननी है,
गंगा जमुना की धरा है ये,
जो पावन पूज्य कहलाती है।
प्रेम त्याग का पाठ पढ़ाया,
सब से पहले इसने जग को,
गांधी नेहरू को सुनने को,
सारी दुनिया थम जाती है।
कोना–कोना सुख समृद्धि से,
धन–धान्य भरा इसका आंगन,
वीरों की ये युद्ध– भूमि है,
ऋषियों की धरा कहलाती है।
आज़ादी के दीप जलें,
सबसे पहले इस धरती पर,
पराधीन सपनेहु सुख नाहिं,
सारे जग को कह जाती है।
मैं धन्य हुआ जो ऐसी माँ की,
कोख से मैंने जन्म लिया,
ये माँ है मेरी, ऐसी माँ की,
पूजा ही की जाती है।

सर्वत्र सत्यम्

हे पूर्ण रूप– हे पूर्ण विराम,
सब पीछे छूटे सारे नाम।
सारी रचना सारे धाम,
तू ही शिव तू ही प्रणाम।
कहाँ हाशिया तू ही जाने,
किसका सफर खत्म तू मानें,
कहाँ रूके और कहाँ चले फिर,
कहाँ साँस लें बन आयाम।
व्यक्त, अव्यक्त तुझ पर निर्भर,
तू ही जाने चलना रूक–रूक कर,
बस सब की डोरी तेरे हाथों,
खण्ड–अखण्ड दे सबको काम।
ये जग नैय्या सब तेरे ऊपर,
सबकी मन–भाषा तू ही सुनकर,
तू बचपन, यौवन और बुढापा?
दे वाणी को रूप तमाम।
दे भविष्य को गति निरन्तर,
है गया अतीत तेरे ही अन्तर,
तू ही जाने क्षण–क्षण क्या होगा?
और वर्तमान को दे विश्राम।
रूप, रस और छन्द विशेषण,
जो भी लिखा तुझे ही अर्पण,
सारे शिखर तुझ ही पर ठहरे,
बिन तेरे है सब गुमनाम।
गीत, कहानी, लय और साज,
बीता कल, कल और आज,
जग की सारी रीति तुझ ही से,
सब जाने तुझको सदनाम।
बस तू विगत, तू ही आगत,
ये माया झूठी तू परम्परागत,
है बात–बात में शोभा तेरी,
तू ही सुबह और तू शाम।

भर दे उर्जा तू पथ में मेरे,
सब आते है दर पर तेरे,
सारी रचना तुझ पर वारूँ,
चलूँ मुक्ति तक बिन – आराम।
अद्भुत जय तेरी सुन्दर माया,
कागज़ की नाव में नश्वर काया,
अजब गढ़ा है मानव–मन को,
तुम बिन फिर भी है बेनाम।
पुस्तक–पोथी, ग्रन्थ खण्ड,
जग में तेरा है गान अखण्ड,
रोम–रोम में तू ही पावे,
तू साथी सबका निष्काम।

दहशतगर्दी के पतझड़

इस जमी पर मुकम्मल अमन लाना होगा,
दहशतगर्दी को दिलों से मिटाना होगा,
प्यार ही प्यार की रोशनी हो हर तरफ,
महताब आसामां से वो लाना होगा।
ये कत्ल, ये दरिंदगी देखी नहीं जाती,
ऐसी नफरत की सरहदों को मिटाना होगा।
इस जहां में कोई अब चीख न उठे,
दिल से दिल का सुकून वो लाना होगा।
कोई मजहब नहीं सिखाता आपस में बैर रखना,
गले मिलकर हर चमन को सजाना होगा।
दीपावली की खुशियाँ और ईद की बधाई,
मनायें सब मिलकर घर वो बनाना होगा।
चैन सुख के दरख्त जो सूखे इस फिज़ा में,
अमनों अमन से झूमे बसन्त वो लाना होगा।
रंग तितली के भर दो जो जिन्दगी संवर जाये,
काले दागों को दामन से अब मिटाना होगा।
बेमौत मरते–मरते अब तंग आ चुके,
चैन की मौत मिले तो ही मर जाना होगा।
बहुत बह चुके हैं, अलग–अलग रास्तों पर,
अब सिन्धु से गंगा को मिलाना होगा।
इन्सानियत के दरियां जो सूखे एक मुद्दत से,
इनमें आबे–ए–खुलूस लबालब बहाना होगा।
तिनका–तिनका बिखरी है छान सबकी ऐसे,
जिसे मिलकर अपने कन्धों पर फिर उठाना होगा।
ये तल्खियाँ, ये उदासियां, ये शिकायतें इन्हें दूर करों,
मिलकर ही अब दोस्त हर मसला सुलझाना होगा।
बहुत उम्मीदें जहां को हमसे हम अमनो अमन से बैठे,
इन मौहब्बतों को दिल की दोस्त और बढ़ाना होगा।
खामोशियां ज़मी पर बिखरी हैं दूर तक जो,
कश्मीरे–हिन्द ज़मीं पर फिर जन्नत लाना होगा।

सरहद का सिपाही

तुम सरहद पर रहने वालों को,
मैं अपना गीत सुनाता हूँ।
तुम सरहद के रखवाले हो,
तुम पर बलिहारी जाता हूँ।
खेत गाँव को छोड़ दिया,
सारे छूटे रिश्ते नाते
बस सरहद की रक्षा करना है,
ये सोच के खुश हो जाता हूँ।
गाँव का वो ऊँचा पनघट,
गर्मी में पीपल की छाया,
तुम भूले हो एक याद लिये,
इन यादों को गले लगाता हूँ।
मंगेतर की बजती पायल,
हाथों की लाल – हरी चूड़ी,
झुकती पलकें तेरी राह तके हैं,
ये संदेश तुम्हें दे जाता हूँ।
देश की खातिर सरहद पर,
तुम जीते हो एक अहद लिये,
देश के सारे लोगों का,
लो प्यार तुम्हें दे जाता हूँ।
सरहद पर तुम जो होते हो,
दुश्मन की हिम्मत नहीं होती,
कि आँख उठाकर देखे वो,
तुम पर मैं प्रीत लुटाता हूँ।
खून के कतरे–कतरे में,
देश–प्रेम ही बहता है,
प्राणों की परवाह नहीं तुम्हें,
ये सारे जग को बतलाता हूँ।
मैं तुम्हें अपना गीत सुनाता हूँ,
तुम पर बलिहारी जाता हूँ।

सारा संसार मेरा है

सखा–
सुनो–
आओ–
कुछ काल चिन्तन करें,
स्वयं मन मंथन करें।
तुम मेरी उंगली पकड़ लो,
चलना है–
सहारा लेकर
तुम्हारे कंधे का।
आओं–
कुछ सपने सजा ले,
नये युग के,
नई विधा के,
नई आशाओं के।
बन जायें ऐसे–
मिलकर–
सबजन–
न परिभाषा बचें
दायरों की,
परिधि की,
सीमाओं की।
बहा दे– विश्वासों की
अविछिन्न धारा,
फिर दूर–दूर तक–
सत्य ही सत्य है।
नहीं पूछ सकोगें–
प्रश्न–
स्वयं से,
फिर कभी
संशय का,
विषाद का,
अवहेलना का,

द्वन्द्व का।
अनगित कंकडीले,
पथरीले,
थपेडें खाकर–
सम्पूर्ण रास्ता ढूंढती,
मिटा देती है–
अपना अस्तित्व,
समुद्र में मिलकर,
जब नदी,
यह समर्पण नहीं तो क्या है?
चिलचिलाती धूप को,
अपने सर पर ओढ़,
देता है शीतल छाँव,
जब वृक्ष–
यह निस्वार्थ नहीं तो क्या है?
हो जाती हैं–
सम्पूर्ण धरा,
हरी–भरी–
पाकर बादलों से जल–
ये लौट जाते है –
खाली हाथ,
यह तर्पण नहीं तो क्या है?
लहरें आती है–
तट तक
न जाने–
सागर की,
कितनी यंत्रणाऐं झेलती,
दे जाती है–
तट को बहुत कुछ,
स्वयं को मिटाकर,
यह सर्व अर्पण नहीं तो क्या है?
निरन्तर साधना,
अनवरत काल संघर्ष,
अविराम कर्तव्य यात्रा,

ये ही कर पाते हैं–
हस्ताक्षर?
इतिहास के पन्नों में।
इतिहास बनता ही –
उन अक्षरों से,
जो पुरूषार्थ से–
भारी होते है।
उदास क्यों हुए?
यही ना कि–
दूर–दूर तक,
कुछ नज़र नहीं आता
लेकिन सब पा जाओगे,
जब साथ है–
तेरे,
मेरे,
जग के,
विनय,
अनुनय,
क्षमा।

साथ छोड़ते अक्षर

लम्बी,
बोझिल,
उदास
और कालजयी–
कई रातें–
मेरी जागती आँखों से गुजरी हैं।
कितनी ही बार–
मैंने तुम्हें–
उस परिचय की–
याद दिलायी,
कुछ याद कराकर,
कुछ बात बता कर।
मैंने तुम्हें–
अपनी संवदेना की,
करवट दी।
तुम्हारे ही अस्तित्व को,
तुम्हारी ही उपलब्धि को,
मैंने सारी जागती रातों में–
विभाजित होने से–
बचाये रखा।
संजोये रखा,
इसी प्रबल आशा के साथ,
एक यौवन अहसास लिए,
कि कल फिर मिलेंगे,
इन्हीं अक्षांश और देशान्तर
बिन्दुओं के मध्य।
कोई आवश्यकता नहीं रहेगी,
कोई कोण बनाने की,
कोई वर्ग निर्धारण की।
तुम मुझे अवश्य–
जान लोगे,
सृष्टि के मूल में–

पहचान लोगे।
मैं भी निश्चिन्त था–
समय सूत्रों के,
साक्षी बन जाने।
क्षण,
घन्टे
प्रहर,
दिवस,
मास मेघ,
और संवत तक
मुझे याद थे–
उन क्षणों के,
जब–
तुम्हें मैंने,
अपनी आयु के इतिहास में,
समाहित किया था।
मैंने सिर्फ–
तुम्हें ही,
संज्ञा दी थी।
तुम्हारी कई पहचानों को–
मन में–
उकेरा था।
अपने साथ–
सारे व्यतीत को,
मैंने–
एक नाम दिया,
एक विस्तार दिया,
और फिर वहीं–
जहाँ छोड़ा था तुमने–
मुझे,
तुम्हारे कदमों को–
जाते हुए देखा था,
जहाँ से,
अब तक खड़ा हूँ वहीं–

प्रतीक्षा में।
प्रतीक्षा!
ये प्रतीक्षा ही तो–
मेरा मन स्पंदन है,
मेरे सोच की–
शिद्दत है।
अनगिनत काल रात्रि
मेरे सामने
परीक्षित होकर गुजरी है।
यहाँ तक कि–
चारों ओर,
शून्य ही शून्य था।
मित्र–
तेरे सामने,
कुछ भी–
प्रासंगिक नही।
न जाने–
तब से,
कितने टुकड़ों में–
बंटा,
खड़ा हूँ मैं।
क्या लिया?
क्या दिया?
कुछ भी तो नहीं,
सिवाय–
अपने अस्तित्व विभाजन के।
आज भी तुम्हें–
लिखते–लिखते,
सारे सत्य पृष्ठ को,
रेखांकित किया है।
अपने सारे शब्दों को,
कोई हाशिया–
नहीं दिया।
मित्र–

अब तो–
मन की सारी उलझनों को,
एक विराम दे दो,
इस मन के कुहासे को,
बेधती एक धूप दे दो।
और कह दो–
उसी उष्मा के साथ,
ऐ ठहरे समय!
कुछ देर और यूं ही रहो।
मैं लौटकर अभी–
फिर आऊँगा,
तुम्हारी खातिर–
एक टुकड़ा आसमान लिए।

तिनका–तिनका बिखरी छान

क्या करूँ–
क्या बताऊँ? –
किसको सुनाऊँ?–
किससे एक राय उधार लूँ? –
सभी चेहरे तो अनजान से है।
आ टंगा हूँ–
बिना किसी खूंटी के,
इस भवनों के ढेर में।
अपने पैरों से खड़ा हूँ
मन में –
ढेर सारी,
अवधारणायें लिये।
तमाम इन्सानों को,
गिनने में लगा हूँ,
सुबह से खड़ा–
इसी काली सड़क के किनारे।
देख रहा हूँ–अपलक,
मनुष्य की शक्ति,
मनुष्य की समिधा,
मनुष्य की बुद्धि और,
मनुष्य का चातुर्य,
अपने–अपने–
काल चक्र मे।
किसी ने नही जाना,
मेरे पैरों का बचपन,
मेरी आँखों का खालीपन।
कितनी रातें गई,
सारी बातें गई,
इस शहर को कभी–
सोते नहीं देखा।
यहाँ सब अपना–
श्रम करने पर लगे हैं।

मगर यहाँ –
श्रम अंकुरित नहीं होता,
कभी पल्लवित नहीं होता।
हर समय,
हर घड़ी,
सभी तो चलते है–
अनवरत–
जिन्दगी की सारी मात्रायें लिये,
कहीं कुछ छूट न जाये।
मगर मुझ से–
सब छूट गया।
इसे क्या कहूँ? –
मेरा सहचर भाग्य,
या समय की मनमानी।
दौड़ता समय–
आखिर–
किसकी मुट्ठी में कैद हुआ है।
व्यतीत के–
उस द्वार पर खड़ा हूँ,
जहाँ मेरे पास बची है–
शेष–
सौंधी स्मृतियां
दूर दूर तक–
युगों–युगों के–
पद–चिहन,
कहीं भी तो नज़र नहीं आते।
कोई पूछे तो सही,
मेरी आयु की वर्णमाला।
कोई जाने तो सही,
मेरी आंखों का दर्द
कोई गिने तो सही,
मेरे व्यथित मन–सागर की लहरें।
दूर–दूर तक भविष्य की–
सुनहरी मरीचिका व्याप्त है,

फिर भी—
प्रतीक्षा,
हाँ मेरी प्रतीक्षा,
मुझसे की गई प्रतीक्षा,
दूर— दूर तक—
हर दिशा के पार तक गई
कुछ तलाशती,
कुछ ढूंढती
कभी थकती,
कभी सोती,
कभी उँघती,
कभी अनचाहे भागती,
मेरी आँखों की प्रतीक्षा—
किसी स्वर्णिम दस्तक के,
सान्तवना बोध से,
आ लौटती है

तुमने परिभाषित किया,
यह–
संयोग ही है या–
नियति की अनिवार्यता,
कि–
तुम्हारा जल–
मात्र जल रह गया।
अब तुम–
लौट आओ,
सतयुग–
फिर आरम्भ होना है,
तपनी है–
फिर ये धरा,
भगीरथ तप से।
समय–शिव–
खोले खड़ा है
अपनी जटायें
अखण्ड–हिमालय पर
तुम्हें रोकने,
तुम लौट आओ,
भारत–माता,
देवी–रूप,
महाश्रेष्ठ काया,
सत्यम् गंगा।

सत्य के धरातल

श्रेष्ठ तीर्थ,
निर्विकार जीवन यात्रा,
अवस्थित मन,
समर्थता के आधार,
पुण्य कर्म के बीज,
शाश्वत की दिव्य अनुभूतियां
अखण्ड उपासना की सामर्थ्य–
फैली है–
उस ओर,
जहाँ उत्तम व्रत है।
जहाँ–
जीवन के अर्थ–
समझ लिए जाते हैं,
आत्म चिन्तन से,
आत्म क्षमता–
जिनकी धरोहर है।
क्रूरता,
हिंसा,
तनाव या
विग्रह
छंट जाते है–
उस आलोक में,
जब बुद्ध वाणी फैलती है,
इस सनातन धरा पर।
यज्ञ के–
तत्वदर्शन मिलेगे?
यज्ञ किये बिना ही–
जब बैठोगे–
शीर्ष गौतम के साथ।
समग्र भाव,
सम्पूर्ण तत्व,
शिष्ट आचार,

सात्विक विचार
मधुर वाणी,
ये होंगे आपके साथी
जब बना लोगे सारथी–
परब्रह्म को,
अपने जीवन रथ का।
स्वच्छ,
निर्मल,
पवित्र रखना है–
मन–मन्दिर
भौतिक धरातल के साथ–साथ,
मानसिक,
बौधिक,
ऐन्द्रिक,
प्राणिक विधाओं में भी।
छंट जायेंगे–
सारे बादल
अपकर्म,
अवसाद,
अपयश,
अंशान्ति,
असन्तोष,
अपमान के,
जब चलोगे पथ पर
हस्तिनापुर के।
यही तो विश्व धर्म है
लोक मंगल की
होती है–
विजय घोष।
श्रेष्ठ भावनाऐं
फूटती है–
नवकोपलों की तरह,
भगवत चैतन्य के–
विशाल वृक्ष में

बार–बार।
सत्य श्रद्धा,
सत्य वचन,
सत्य निष्ठा,
सत्य उपासना,
सत्य संकल्प,
सत्य दृष्टि–
ये ही तो देशनाएें हैं–
कपिल वस्तु की।
कौन रोक सकता है?
जलते–
दीप के आलोक को–
बिखरने से,
सुवास भरे–
फूलों की सुगन्ध
बहने से,
नीर भरी–
बदली को,
तपती धरा पर–
बरसने से,
बस ये ही तो–
सत्यम् सत्य है।

संस्कारों के ठहरे प्रवाह

मेरे
सर का हिमालय,
इस गहनता में
गूंजी,
ऋचाऐं,
मुखरित हए
वेद–मंत्र
संस्कृत के–
पुण्य प्रवाह,
संहिताऐं,
ब्राहमण,
आरण्यक,
उपनिषद,
पुराण,
तंत्र,
दर्शन,
जीवन–अस्तित्व,
नर–देव से
उपजा,
देवत्व।
भागवत–समय
इन्हें
कहीं ढूंढ रहा है।
मेरी धमनियों में
बहता,
गंगा का
तरल–सरल,
पावन वेग,
जिसकी बूंद–बंद,
सुनाती है–
कहानी,
उच्च आदर्शो की,

आध्यात्म ज्ञान की,
अनन्य साधना की,
जिसकी हथेली पर
जलते है–
असंख्यदीप,
अनन्त चेतना के,
संस्कृति के,
गोधृत में,
और जिनसे
बिखरती है,
प्रभा
सात्विकता की,
निष्कामता की,
सर्वकल्याण की।
जिसके
आचमन से,
मन,
प्राण,
तन,
ज्ञान,
अन्तःकरण,
भर उठते हैं
अलौकिक तप से
चितवृतियां,
निरूद्ध होती है।
एकाग्रता सधती है।
दूर–दूर तक
दिखते है–
शांति कुंज,
तप–स्थलियां,
इसके तीर पर।
उमगती है,
तप की उर्मिया,
जन्म लेते है–

संयम,
मर्यादायें,
आदर्शनिष्ठ आचरण
नैतिकता,
तत्व–दर्शन,
आध्यात्मिक साधना!
अनन्त दूरी तक
मिलते है
अवतरण,
प्रत्यावर्तन के,
चान्द्रायण योग के
मेरे रोम रोम में
बसी है
गीता की सुहास
कर्म,
भक्ति,
और ज्ञान की त्रिवेणी,
जिनका प्रवाह,
भरता है–
शाश्वत,
सतत,
अंतरंग में,
मेरे चरण
धोता है,
विराट समुद्र,
सदाचार का,
संयम का,
शमन का,
आचार का,
व्यवहार का,
पर
न जाने,
आज,
मुझे,

कैसी करवट आ गई,
ये सब
क्यों?
छूटता सा है।
कहीं
अवश्य याद आ जाये,
"इदं न मम"

नारी–पदों की तलाश

आस्था,
समर्पण,
अनहद साधना,
संवेदना,
गायत्री,
मनीषा,
अनुसूया,
सभी
धाय हैं
मेरे तन की,
मेरे पुण्य प्रवाह की।
मेरी दैवी सामर्थ्य की।
मेरे मंगल मय वसन्त की।
मेरी
कोख से जन्मा है,
युग चेतना का,
कृष्ण।
मेरे,
आंचल में,
छिपा है,
आकर,
सात्विक श्रीराम!
मैंने
उगाये हैं,
संहिताओं की
अपनी देव धरा पर
चारों वेद,
अट्ठारह पुराण,
बीस स्मृतियां,
चौबीस गीताऐं,
ब्राहमण,
अरण्यक,

उपनिषद,
सूत्र ग्रंथ,
व्याकरण,
निघंटु,
निरूक्त,
छन्द,
ज्योतिष,
अनुक्रमणी
वेदांग,
महाकाव्य!
मेरे ही
आंगन गें खेले है
मोक्ष पाने तक,
उदगीथ,
माधव भट्ट,
सायण,
महीधर,
उब्बट,
शंकर,
कुमारिल,
बुद्ध और
सत्य महात्मा
मेरी प्रेरक अंगुली
पकड़
बड़े हुए,
खड़े हुए,
अंसख्य,
मनोयोग के
विराम
भावनाओं की
सजलता,
प्रेम की
जीवन्तता,
समर्पण की

तरंगिता,
ठहराव की
सर्वमयता,
उपजी है
मेरे आंसुओं में।
मैंने दिये है
आयाम
संतुलन को,
समग्रता को,
रीति–नीति को,
परस्पर व्यवहार को,
लोक शिक्षा को,
लोक मंगल को
मैं ही आई हूँ
कई बार
यमुना तट पर
वृन्दावन के,
श्रीकृष्ण को
अवतरित करने
मैं ही भटकी हूँ
लता सी लिपटी,
जंगल–जंगल,
श्रीराम के साथ,
और उन्हें रूप दिया
पुरूषोत्तम का।
लेकिन
धरा
तू आज क्यों?
तप गई।
क्यों?
उमसने लगी
तेरी
कंचन काया
क्यों

उजड़ गई,
तेरी चीर परते।
नहीं
तूझे
जननी ही रहना है।
जग की
तू
भारत माता है।

अहम् शून्य की जीवन–यात्रा

जीवन
जीवन का सदुपयोग,
जीवन की सार्थकता,
जीवन का महामंत्र।
सृजन
सृजन की श्रेष्ठता,
सृजन की उपलब्धियां,
सृजन का प्रादुर्भाव।
कर्म
कर्म की कामना,
कर्म की आसक्ति,
कर्म का योग।
ये सब
तभी सम्पूर्ण है
जब तक
जीवन शरणागत्,
सृजन आसाक्ति मुक्त,
कर्म एक लोक – यज्ञ,
उत्कर्ष यज्ञ
कर्म–लिप्सा से परे कर्म।
अर्जुन
तुम यज्ञार्थाय कर्म करो,
नभ की तरह,
नद की तरह,
प्रकृति की तरह,
पर्वत की तरह,
सूर्य की तरह,
नक्षत्रों की तरह।
इन्होंने
इस यज्ञ का
सुख भोगा है कभी?
पाया है

इन्होंने कभी
कोई परम–श्रेय,
कोई इच्छित लक्ष्य।
यही है इनकी
निस्पृहता,
अपरिग्रह की पराकाष्ठा।
कनिष्ठा अंगुली पर
गोवर्द्धन उठा सकते हो,
मगर पहले–
श्रीकृष्ण बनना है तुम्हें,
महामानव बनना है तुम्हें,
युग–ऋषि बनना है तुम्हें।
अंगीकार करनी है–
विराट मनोभूमि,
अकाट्य संकल्प,
तीव्र अभीप्सा।
फिर आच्छादन
अवश्य बनोगे,
इस धरा के।
निस्संदेह
पा सकोगे
चेतना की परिवर्तित अवस्था
उत्कर्ष के
महा शीर्ष को
अवश्य छू सकोगे।
समय को
अवश्य बना सकोगे,
काल खण्ड
आत्म शक्ति से युग शक्ति तक
इतिहास यू ही
बदलते हैं
काल बेलाऐं
यूं ही करवट लेती हैं
बिन्दु नहीं,

परिवेश नहीं,
क्षेत्र नहीं,
सीमाऐं नहीं,
विश्व को
मथ सकते हो तुम।
सभी
नवनीत होगा,
नवसृजन होगा,
नवपरिष्कृत होगा,
ये ही
समय–चक्र की आस्था है,
ये ही
समय–ग्वाल की हुंकार है।
अन्यथा
एक जगह से
सीना पूरा नहीं होगा,
तब तक ये
जीवन कथरी
कई जगह से फट चुकेगी।
ज्ञान यज्ञ,
कर्म–यज्ञ,
उपकार–यज्ञ
ये ही तो सखा है
दाधिचि – जीवन के।
मगर जीवन – पथ,
अंहकार – शून्य बना रहें।

मृत्यु के मुहावरे

तुम
बहुत सुन्दर हो।
बहुत मादक हो
सब मरते हैं
तुम पर।
अनोखा है,
तुम्हारा अहसास
एक ही–
अहसास से
पूर्ण हो जाती है–
जिन्दगी
फिर कोई
तमन्ना,
बचती ही नहीं,
जिन्दा रहने की।
सारे जग को–
पाना है,
तुम्हें
कोई अछूता रहेगा ही नहीं
तुम्हारे स्पर्श से
सबको–
प्यार से
बुलाना
आता है तुम्हें।
तुम्हारा अस्तित्व
तुम्हारी खामोशी
तुम्हारा मोह,
तुम्हारी आहट
तुम्हारा लगाव
कौन भूल सकता है
इस जीवन में।
मगर मैं–

आहत हूँ
आज
इस
जीते जगत को,
मरते देखकर–
आतंक के साये में–
नफरत की ओढनी ओढे
अनहोनी की परिभाषा
क्यों
साकार हो जाती है,
हर अंतिम क्षणों में।
अपनों से कुछ बातें–
क्यों नहीं हो पाती
आखिरी हिचकियों के बीच।
न जाने–
कौन सा बंटवारा
रह जाता है–
आखिरी सफर तक।
कितने और–
सिक्के
रह जाते हैं–
तुलने के लिए।
न जाने–
कौन सा पथ–
रह जाता है
चलने को।
क्यों होता है
चारों और का दायरा।
सारा अन्जाना सा।
क्यों रह जाती है।
एक तड़प
कुछ सांसे और लेने की।
क्यों नहीं
मरती है जिन्दगी

आज–
एक सुकून के साथ
क्यों नहीं आती है
आखरी धड़कनें
अपना पूरा सफर
तय कर।
क्यों नहीं होती है
अधूरी बातें अपनों से–
पूरी–
पूरी जिन्दगी के
आखरी पड़ाव पर।
मैं तो–
ऐसी ही जिन्दगी को
देना चाहता हूँ–
पूर्ण विराम;
मीठी मौत के
गले लगकर।
और बढ़ जाता हूँ
उसकी ओर
रोज दो कदम
दिन और रात
उसे
अपना समझकर।

अंतस के ठण्डे सूर्य

बाते,
यादें,
वादें,
अनुभूतियाँ
संस्मरण
कुछ भी–
याद नहीं है अपनों का।
एक
पीड़ा,
दर्द,
टीस,
बैचेनी,
कुहासा
घेरे हैं
दूर तक
जीवन को
उस पथ तक,
जहाँ मृत्यु मिलती है।
ये–
कैसी कामना है–
जो कभी–
पूर्ण होती ही नहीं।
ये–
कौन सी भावना है–
जो भिगोती ही नहीं,
किसी मन को।
और सारे विवेक–
खड़े हैं ठगे से।
ये–
एक जीवन
क्यों नहीं होता है–
मुक्त।

अधूरे आकर्षण से।
कितने संघर्ष–
और शेष हैं
इन साँसों पर।
सारे मन डूबे हैं–
पश्चिमी आकाश के पीछे।
ये सारी दुनिया–
क्यों ढक गयी–
अंधेरे में।
एक असीम
मरघट की तरह।
दूर–दूर तक,
उड़ चले,
पंछी,
यर्थाथता के
सार्थकता के
समपर्ण के।
सारे मार्ग–
भक्ति के,
क्यों हो गये
कंटीले
कि–
कोई भी
किसी से
तदाकार होता ही नहीं।
कपड़ा बुनते–
कबीर
जूते गांठते–
रैदास,
हजामत बनाते
सेना नाई,
कपड़ा सिलते–
नामदेव
क्यों नहीं पैदा होते

इस खुरदरे समाज में।
जिसमें
संत्रास के
सारे पर्यायवाची
जन्मे हैं।
टूटन,
दरकन,
बिखरन का विस्तार
दूर–दूर तक
किसी सामंजस्य से परे
विस्तृत हो गया।
ये कौन सी लालसा है।
हे सूर्य।
कब तक
छलता रहेगा
स्वयं को,
अगला ही पग शायद
मौत सी
काली रात हो

प्रार्थना के पतझड़

ये–
मेरे एक,
अनुभवों की–
दास्तान है,
या–
मेरे–
भीतरी छटपटाहट की
आदिम पुकार।
ये तो,
तुम जानो।
मगर–
अब कुछ
जन्म लेता ही नहीं।
अगर
कभी जन्म लेता भी है
तो–
वह उगते,
सूरज के सामने
कब ठहरता है,
अपने एक ही पैर पर।
मैं–
तुम्हारे सामने
कई बार–
चुपचाप गिड़गिड़ाया,
अपने अस्तित्व की
पहचान बताने।
मगर तुमने–
हर बार
मेरी कविता को
आत्महत्या करने दिया।
कौन सी–
कोशिश करूँ

अपने
शब्दों को
तटस्थ रहने की।
कब तक
न बनने दूँ।
इन्हें गवाह,
अपने–
संकोची दुःखों का।
मैंने–
कई बार,
स्वयं को
रूपान्तरित कर–
समर्पित किया
तेरे
ठण्डे आगोश में।
मगर–
तूने,
कभी नहीं बजने दिये
बधावे,
मेरे थिरकते पैरों में।
बार बार–
ये लहुलुहान हुए
तेरे
नीरस धरातल पर।
अब तो–
कोई,
आँख मिचौनी भी–
नहीं खेलता।
मेरे साथ।
इन बैसाखी रातों में
कोई छिपकर भी
नहीं बोलता
एक व्यग्रता के साथ,
कि तुम–

मुझे ढूढ़ लो।
सब–
स्वयं को–
छूकर भी
रह जाते हैं–
अतृप्त।
हमेशा रह जाती है–
एक–
कचास
ये–
व्यस्क सन्दर्भों के–
स्पर्श में।
ये–
शब्दों की
कौन सी
आवाज है,
लगता है–
वर्णमाला का भी–
चीर हरण हो गया।
जिनसे
कुछ,
जन्म होता ही नहीं
किसी भी–
पुकार पर,
पूर्ण विराम
क्यों नहीं लगता?
मुझसे ही–
निकलते हैं सारे छोर,
परिपक्व इतिहास के।
धूप ही तो–
है विकल्प
अंचल चॉदनी का।
कभी भी–
मत चढो,

इतना ऊँचा–
कि बौना लगो
सत्यता के नीचे धरातल पर।
एक–
प्रार्थना की लहर ही तो
पूरे–
प्रेम सागर का वजूद है।

अनजाने विराम

कहानी,
कविता,
समीक्षा,
आलोचना,
लोक गीत,
उच्चारण,
लय–
सभी कुछ तो,
निजी एकान्त की–
काठ–अलमारी गें,
बन्द पड़ा है–
एक मुददत से।
शायद–
इन किताबों के,
पन्ने भी,
एक दूसरे से–
चिपक कर सो गये।
इनकी प्रेरणा की–
अनुभूतियां,
काल के कछार पर,
थककर जुड़ गई।
लगता है–
इनके सारे आदर्श,
खत्म कर चुके,
अपना सफर।
जाना है मैंने ही
कितना दुखद है,
ये परिवर्तन।
स्वयं में ही–
खोया हूँ,
पीड़ा की तरूणिम शाम में।
ये कैसा सत्य है,

कौन से क्षितिज से?
जो सभी के–
मन को लुभाता,
कोई भी तो–
नहीं जान पाता
इसके इन्द्र धनुष को।
मित्र–
पग–पग पर,
क्षितिज है,
नहीं छू सकोगे,
नहीं जान पाओगे
दृष्टि भ्रम को।
कभी मिटी है वासना–
किसी की,
आज के कलैण्डर में
लगता है–
सभी बादलों की,
याददाश्त बिगड़ चुकी।
कहीं भी तो–
बोआरी मछली,
नहीं दीखती इन्हें–
आकाश को निहारते हुए,
कैसे सेयेगी–
अपने अण्डे,
इस उथले कीचड़ में।
सोचता हूँ–
कौन सी सभ्यता,
स्थापित होती है,
नये सिरे से।
कौन सी–
सरलता,
कौन सी–
सहजता,
कौन सी–

उत्कंठा,
सब लपेटे जा रहे हैं
अपने चारों ओर,
इस सच्चे कलयुग में।
कभी नहीं की हैं–
कोशिश,
इतिहास के पन्ने गिनने की,
जिसने जरा भी–
हाशिया नहीं छोड़ा।
कितना–
छोटा करके जियोगे,
अपना ये आंगन संसार।
मुझे सिर्फ एक उत्तर दो,
मुझे प्रश्न की–
परिभाषा कतई नहीं आती।
तुमसे मिलने का–
रस–निक्षेप,
कहाँ जाता रहा।
देखो–
उस बरगद ने भी
अपनी सारी जड़े
समेट ली हैं।
उस पीपल की जड़े भी–
कितनी खुश्क हो गई।
उस रंगीले कंदील का–
दीप भी तो,
कभी का बुझ गया,
क्योंकि–
नहीं है उसे अहसास,
अपने उत्तदायित्व का।
रास्ते के मील पत्थर–
क्यों नहीं आते,
मेरे सफर में।
लो यूं ही–

बैठ गया हूँ,
थककर तन्हा चलते,
एक शिद्दत सोच के साथ,
कहीं तो मिलेगा,
कोई तो मिलेगा,
कभी तो मिलेगा,
मेरा अपना यथार्थ।

मुटठी–भर–छाले

अनगिनत–
शब्दों के अथाह सागर से,
घिरा हूँ।
सभी लपके हैं–
अपना नाम देने,
अपनी परिभाषा बताने,
अपनी परिधि दिखाने,
कुछ समझ नहीं आता।
किसका श्रृंगार संवारू?
किसकी स्तुति करूँ?
किसे प्रेम से देखूँ?
सभी के चेहरे–
निराश,
क्लांत,
थके–थके,
बुझे–बुझे से नेत्र,
कहीं भी तो–
कामना नहीं फूटती,
किसी के–
होठों पर भी,
गीत नहीं आते।
कहीं से भी–
सूरज नहीं उगता।
मैं–
ठगा सा,
खड़ा हूँ।
इन सब को क्या हो गया?
क्यों नहीं?
कोई इन्हें–
अनुभूति कराता स्वयं की।
क्यों नहीं?
साक्षात्कार कराता

वर्तमान का इनको।
क्यों नहीं?
सीधा करता खड़ा–
घुटनों से इन्हें।
क्या सभी अकर्म हो गये।
क्या सभी–
अनुबंधित हो चले।
क्या सभी–
असामर्थ्य बन गये।
मेरी विवशता को भांप,
मेरे प्रश्न की अनुभूति कर,
दूर पसीने से लथपथ–
अपने अध्यवसाय में लगा,
समयचक्र से बेखबर,
परिणाम की–
सुधबुध खोये,
दिन या रात के–
झमेले से दूर,
विश्वास की चेतना लिए,
एक अभिमन्यु शब्द
पुकार उठा–
बेचारे पथिक
यहाँ आओ,
अपनी लेखनी उठाये,
इन सब को भी साथ लिये–
मैं सारथी हूँ।
मैं तुम्हारी लेखनी को गति दूँगा,
तुम्हारे उठते विचारों को–
द्वन्द से बचा लूँगा,
तुम्हारी कविता को सजा दूंगा,
मुझसे पाओगे प्रतिति,
मैं ही हूँ सर्वज्ञ,
मैं ही बस यज्ञ,
मुझे देनी आती है आहुति,

स्वयं की।
मैं ही ज्ञात हूँ
मेरी ही परिभाषा अनन्त है।
पागल सा गढ़ता हूँ–
स्वयं को,
दैनिक नित्य में
मेरा ही विस्तार है–
अविस्तृत।
साथ चलोगे–
हो पाआगे–
सम्पूर्ण ब्रहमांड,
सफलता का प्रत्येक कर्मकांड
मुझे पाओगे–
हर क्षण,
श्रंगार किये।
नया अवतार लिये।
आशाओं के दीप जले,
श्रम साध्य के नीम तले,
आओ सब–
मिल साथ चले,
मैं भी–
पूर्ण विश्वस्त हो गया,
उसके स्वर से
उसके धैर्य से–
उसके ओज़ से–
उसके सार से
जब देखे–
उसकी हथेली में मैंने,
पूरी मुट्ठी भर छाले

बिखरते दशमलव

एक तपती दोपहर में,
वट–वृक्ष के नीचे–
चलते,
एक चिडिया को कहते सुना
अपनी ही "सहेली" से।
कहाँ गये पहले से–
घने पत्ते इसके?
क्यों निर्लज्ज हो गयी–
इसकी शाखायें,
तनकर?
क्यों नहीं ठहरते–
कुछ पल,
थके पथिक,
नीचे इसके?
क्यों नहीं होती बातें,
सात समुद्र पार की,
अजनबियों के बीच,
कल जैसी?
क्यों नहीं,
लगता विराम,
किसी चिरन्तन सत्य पर?
धरा क्यों ढकी है–
दूर–दूर तक,
धुँए से,
धुंध से,
अंधकार से,
उलाहने से
मिथ्या से,
संताप से,
विषाद से,
वेदना से,
कुंठा से?

कहीं भी तो–
एकाकार,
नज़र नहीं आता।
परम्पराओं,
मान्यताओं,
रिवाज़ो,
उपदेशों,
लोकाचार के
मजबूत ग्रन्थ,
आज उड़े है
रद्दी के वर्को की तरह।
सारे मुलम्मे–
क्यों उखड़ चले,
इसी बयार में?
बावरी–
तेरी विवशता का,
ये चरम बिन्दु,
मैंने भी छू लिया है।
निस्सन्देह–
हर सूर्य,
डूब रहा है,
इस काल के
उथले भंवर में।
उर्जा विकीर्ण की
क्षमता क्यों ढल गई?
इसकी गुनगुनाती धूप–
क्यों नहीं बेधती,
अहम् के कुहासे को।
हर क्षण–
क्षीण हो रहा है,
बस मूक बना।
बीते वक्त की–
स्नेहिल अंजली,
क्यों तप रही है?

हर सिंगार के–
निंदियाये फूल,
झर–झर गिर रहे है।
धैर्य का–
ओस में नहाया सुवास,
क्यों नहीं करता–
अठखेलियां?
सुस्मृतियों के–
पत्तों की सरसराहट,
क्यों थम गई?
विश्वास की सारी,
लयमय,
रसबद्ध,
मनमोहिनी
रागनियां
क्यों उष्ण हुई?
रिश्तों की–
रंगबिरंगी तितलियां–
क्यों नहीं करती,
वसन्त का–
द्वाराचार,
टीका,
चन्दन,
रोली लिए?
अपनी आशाओं के–
नौनिहाल की,
मस्त किलकारियां–
अनजाने सुरों में डुबी,
कभी की लौट गयी,
अपने–अपने,
व्यस्त–
बोझिल घरौदों में।
मर्यादाओं की
अक्षत ओढ़नी

वक्त के
खण्डहर पथों में,
न जाने कहाँ गिर गयी।
अब तो–
बस बची है,
आधी अधूरी,
आशाओं की मरीचिका।
मेरे नीड़ के–
व्यथित साथी,
अब तो–
दूर दूर तक,
काल पतन का,
क्षितिज ढका है।

तुम प्रश्न क्यों नहीं पूछते?

प्रिये–
देव–
आज भी बस ये ही याद है,
कि कल रात फिर–
बूढ़ी हो गई।
इतनी कमजोर कि–
कोई स्वप्न देखना या
मीठी यादों का हल्का बोझ,
न सहन कर सके।
चमकते दूधिया चांद की चान्दनी भी
कितनी काली थी?
आपके दो शब्द–
लम्बे–लम्बे अनवरत वाक्यों से
कितने बोझिल हो गये।
अपने आगोश में मैं ही–
इसे अबोध शिशु की तरह समेटे रही,
मगर तुम बिन भीगे भी
मेरे सामीप्य की उर्जा–
न सोख सके।
मेरे सारे शब्दहीन अर्थ
पूरे गोल आकाश का चक्कर लगाकर
सारी रात बेहोश पड़े रहे,
तुमने नहीं देखा–
समुद्र की सारी तरंगे,
जीती रही
मरती रही,
मगर पहचान न सके
पहली तरंग कौन सी थी?
मैं–
कब से रेत की मछली बनी हूँ।
दरिया की लहरें–
किनारों को छूने

जब भी बढ़ती है
हार–हार जाती हूँ
नही पकड़ पाती।
वसन्त–
आपके ही रूप से संवरता वसन्त
बार–बार मेरे पास से
मुँह खिजाता गुजरता है,
तब–
कुररी के पंख,
पपीहे के प्राण,
कोयल का स्वर–
सभी का अर्थ
चुक जाते है।
ढेर मनसूबों को
चिन्दियां बनाकर
निगलती हूँ,
समन्वय के पानी के साथ,
एक आहत आशा लिये।
मेरे मनुहारों के स्वर से
मजबूत जिद्दी खण्डहर पर
क्यों पीठ किये बैठे हो?
थकता उलाहना लिये बैठी हूँ
सूर्य को जरा भी जल्दी नहीं है–
लौटने की,
गोधूलि ने देर कर दी
क्यों पसरने में।
मन की दीवारों पर–
कितनी बार लिखती हूँ
बिना मात्राओं के तुम्हारा नाम।
रोज आपके लिए–
सारे ढूढ़े अकेले अक्षरों को–
चुनती हूँ,
रखती हूँ,
तरतीब से पास–पास,

संग–साथी बनाती हूँ,
सबका वजन करती हूँ,
बार–बार–
शाम तक
कि इनको–
मेरे लिए
महावर लगी–
एक कविता बना दोगे।
इस कविता के सुमधुर गूंजते स्वर पर–
फिर मैं नाचूंगी।
मगर ये सारे शब्द
मेरे साथ अलसाये रह गये।
कहाँ–कहाँ छिपती हूँ,
कैसे–कैसे रूठती हूँ,
मगर तुम नहीं पुकारते मुझे।
कितनी आहें, कितने अश्रु,
कितनी सिसकियां, कितनी उम्मीदें बीत जाती हैं।
मगर नहीं गुनगुनाते शब्द आपके,
व्यंजना लिये अर्थ की–
इस मेरी देह के पेड़ की डाल पर।
हे सागर–
मैं मिट्टी हूँ–
मुझे तुम पानी दे दो।
मैं मेहनत हूँ–
अपना पसीना दे दो।
मैं पूरी दूरियों से घिरी हूँ,
अकेले होने की एक पीड़ा मत दो।
दूर–दूर क्षितिज तक–
सारे उत्तरों को अंक में समेटे हूँ
बस एक ही शिकायत है–
तुम प्रश्न क्यों नहीं पूछते?

रात ओढ़ता शहर

मेरे चेहरे पर,
झुर्रियां मत देखों,
एक मुद्दत से खड़ा हूँ
इस जवान सड़क के–
जलते कोलतार पर,
किसी को ढूंढने अपना।
हरेक सांस–
गिन लेता हूँ,
दिल की धड़कने,
हो जाता हूँ–
आश्वस्त,
कि मैं जिन्दा हूँ।
लोग दौड़ रहे हैं–
निरन्तर
कुछ कल्पनाएं लिए,
और जेब में सहेजे–
कुछ अल्पनाएं।
नहीं रूकता कोई–
कि पूछे किसी का नाम,
गाम?
देस,
परदेस।
नहीं पूछता–
कोई–
मेरी आंखों की बरसात
पिछले दिनों कब थमी थी?
मैं दौड़ता हूँ–
इस शहर में,
उस बरसात की गूंज लिए।
तब हंसने लगती है,
मेरी कविता,
मुझे अधूरा करती हुई।

लो एक बार–
फिर शाम घिर आयी है।
एक तिलिस्म ने ढ़क लिया है,
पूरे शहर को।
दूध सी–
उजली, धुली महकती चान्दनी
छिप गई है डरकर।
इस शहर में
किसी को परिभाषा नहीं आती,
लालटेन की।
दुमंजिले के–
पांवों की महावर,
जाग उठी है,
एक रौंदी गई अंगडाई के साथ।
हर रोशनी को–
अहसास है
अपने–
रूप, रस, गंध का
सब हैं–
लेकिन खाली हैं
हर ओर गुजरती हुई आंखे।
कितने सपाट दरवाजे हैं,
सभी के घरों के।
कहीं भी तो कोई–
दहलीज नज़र नहीं आती
जिस पर बैठकर
पूछ लूँ–
किसी पडौसी का नाम।
कैसे कसकर
लगाते है चटकनी
दिलों की
कि सभी दरवाजे
एका एक बंद हो जायें।
तेज हॉफता शहर–

कैसा जंगल है?
न जाने–
किससे डरते हैं लोग?
किससे करते हैं नफरत?
नफरत है–
बड़ों से,
जड़ों से?
नीवों से?
जीवों से।
किसी दरिन्दे की तरह–
छिप गया फिर–
अपने नीड़ में,
और दौड़ता शहर
अकेला हो गया।
मगर–
कुछ ईटें टिकी है?
आज भी–
शहर के बीच
एक मुद्दत से–
अपना खण्डहर लिये,
जो आती है दौड़कर,
मेरे पास
और रखती है–
अपनी हथेलियां,
मेरी आंखों पर
पूछती है– धीमे, बहुत धीमे–
बताओ मैं कौन हूँ?
और तब लगता है कि–
अभी कहीं उठेगी हवा,
फिर फूलेगी एक घाटी,
इस शहर में–
फिर बरसात होगी।

विनाश तलाशता मानव

सांसें,
धड़कन,
खुशियां,
जीवन,
पुष्प और
उपवन।
क्यों सब आज
तेज दौड़ती–
एम्बुलेंस में है?
लाखों वर्षों में
पनपी–
मानव सभ्यता
आज डरती है–
मानव–मिजाज़ से।
अन्तिम सांसों की गिनती–
करती है लेटी
विवशता के स्ट्रेचर पर।
बना रहता है डर–
कि कहीं,
लग न जाए आग,
घर को
घर के चिराग से।
मानव वंश की–
ईंट से ईंट बजाने पर लगी है–
मानव की अजीब खोपड़ी?
और तय किया है–
एक नया आयाम–
सर्वविनाश का।
आतंक के आँगन में–
गूंजी है किलकारियाँ,
जैव–आतंक की।
पालें हैं साँप–

प्लेग,
वायरस,
बेसिलस–एन्थेसिस,
बोटुलिज्म के,
जो हो सकते हैं–
कभी भी खड़े–
अपना–
भयावह फन फैलाकर
लीलने इस डार्विन को।
विकास,
कल्याण,
संतुलन,
जीवन निश्चिंतता के–
मरघट पर बैठा आज–
अट्ठाहस करता है विज्ञान,
और चीखता है–
कर दो दफन,
इस मानव युग को,
जो जीता आया है–
युगों–युगों से।
नहीं देखना चाहता–
किसी फ्लोरेंस को,
हाथ में अपने लैम्प लिये।
आह–
लेनिन के सपनों का
ये कैसा विच्छेदन है?
मदर,
ममता मयी माँ
क्यों उदास है–
आपका नोबेल।
ठोकरें खाता–
क्यों थका है,
गाँधी का विश्व–बन्धुत्व।
चारों ओर–

तम ही तम है,
छटपटाती मौत का।
विज्ञान को–
मत बांधों,
बन्द अंधेरी पुड़िया में।
मत लेने दो जन्म,
किसी कीटाणु को इससे।
बाँट दो इसे घर–घर
किसी यज्ञ–प्रसाद की तरह।
धुऐं की काली लकीरें–
न बनाओं इससे,
जो देती है वजूद
सिर्फ–
मौत के हिसारों को।
बना दो–
सभी ओर
सतरंगी इन्द्रधनुष!
फसल–
जो उगी है अभी
देख इसको,
लहलहा उठे।
शांति के सफेद पंख–
बिखेरो धरा पर,
न टपकने दो–
एक भी बूंद,
खून की,
विज्ञान के तन से।

बहती सरिता का रूदन

दूसरे तट के–
अन्तिम छोर पर
लेटा हूँ,
जीवन के।
बालू रेत–
कितना प्यासा है।
निर्मल,
चंचल,
यौवन और
विह्वल
अपने जीवन जल की धारा
कभी की सूख चुकी,
और–
वर्तमान में बचा है,
थम थमकर
फासला तय करता,
अपने सारे जमाने की,
खट्टी–मिट्ठी स्मृतियों से धुला,
आँख के एक ही तट पर–
बहता कातर पानी का अवसान।
बीते कल की–
पूर्ण यौवन से लथपथ,
हुलस नत्यांगना लहरें–
जिनके कोमल उर से
पल प्रतिपल–
युग अंचल सरकता था,
आज मरणासन्न,
टूटते जर्जर,
अपने वजूद से बिखरते–
दोनों तटों के मध्य,
जलती रेत की गोद में,
कहीं खो गई।

ब्रज की बालाऐं–
ढूंढती हैं,
आज यमुना के
दूर–दूर तक बहते,
कृष्ण की मुरली पर नाचते,
निखिल तट को।
जिसके तट पर–
वे बैठकर करती थी,
पद–पखार।
आज उनके पैरों में–
सिर्फ रेत की चुभन है।
हर नदी के–
दोनों कर्ण उजाड़ है–
उनमें,
गुड़हल,
कुई,
कनेर,
लोध,
पाटल,
हरसिंगार या
मौलसिरी की गूंथ,
ये सब–
बीते कल की
रूखी बाते हैं।
इसका निर्मल प्रवाह–
कितना बूढ़ा है?
अपनीही सांसों को कोसती,
इस बूढ़ी सदी की तरह।
कितना थकी है ये?
इस युग की–
अपने से नफरत को
ढोते–ढोते।
सारा–
अव्यवस्थित

इंसानी कारनामों का मैल
इसमें समा गया।
अपने ही पैरों को–
ढूंढती नजर आती है।
इसके कमजोर कंधे–
लदे हैं,
इंसानी शवों का,
बोझ लिए।
हाथ बेबस है–
इसके आज,
किसी सभ्यता,
संस्कृति,
इतिहास की लकीरें,
बनाने में।
बेबस रोता है–
भगीरथ,
किसी उजाड़
पर्वत पर बैठा,
और चीखता हैं–
अब और
निर्वस्त्र न करो,
इसके तन को।
ये गंगा है या नर्मदा
कृष्णा हो या गोदावरी
सिन्धु हो या ब्रहमपुत्र
बस अपनी ही माँ है।

भौतिक करवटें

बिन्दु,
यथार्थ के बिन्दु
मध्य की दूरी कम,
मगर–
सेतु सभी ध्वस्त हुए।
पुराने–
गहरे समुद्र में
आदर्शो का ज्वार–भाटा–
उठता है,
उतने ही वेग से,
जितना अहसास होता है,
आज के–
तरूण चांद की,
चाँदनी की शीतलता
महसूस होती है।
न कहीं–
एकाग्रता,
न कहीं–
नई आशाओं के साथ,
जीने की,
चेहरे पर चमक।
सभी कुछ तो–
हताशा के,
नेपथ्य में आ गया।
मैनें–
खडें होना सीखा है
अपने वर्तमान की–
जमीन पर घुटने,
सरकते हुए।
दूर–दूर तक–
कोई तर्क नजर नहीं आता,
जहाँ पर कल का,

ठोस गाँव पीछे छूटता है!
और आज के–
इस शहर के–
तरल "मल्टी परपज"
भावना–शून्य–
एक दूसरे के,
कंधों पर चढ़े,
भवन शुरू होते है।
पूंजी,
वैभव,
भौतिकता,
सभी ने अपने–
बेहतर सम्बन्धों के
वस्त्र उतार फेंके है।
कितने नंगे खडे है ये–
मोडर्न जीवन के,
सपाट धरातल पर।
मनुष्य,
परिवार,
समाज और–
विवेक ,
आज क्यों?
विषम टुकड़ों में–
बिख़रे पड़े हैं।
क्यों नहीं होता–
अहसास किसी को,
इस सदी के बीत जाने का।
सभी लगे है–
करने जुगाली–
अपने स्वार्थ की।
अपने नायक बनने के
फिराक की।
इस सदी के–
पूर्वाद्ध का

महा स्वप्न,
कितना बौना खड़ा है?
उस आशा का स्पंदन
कहीं ढूंढना कठिन है।
चिन्तन,
मनन,
अध्ययन,
अनुशीलन
इनकी स्वीकृति–
मेरी संतान को,
नहीं चाहिए।
वह जमाना–
कहीं दूर छूट गया,
जब चल पड़ें जिधर–
दो पग डग में,
चल पड़े कोटि पग उसी ओर।
ऐ, सतत समर्पण–
फिर एक बार,
इस देव–धरा पर–
जन्म लो।
सब धुंध छट जायेगा।

बदलते अर्थ

कोई एक विचार,
कोई एक विचार धारा,
कोई एक समग्रता
नहीं दिखती।
भरी भीड़ में
सब अकेले हैं,
सब अजनबी है,
सब अपना नाम तक
नहीं जानते।
चारों ओर भावनाओं की
शून्यता है।
बीते कल के–
सारे आदर्शो को
सारे अर्थो को
भौतिकता की गहरी नींद में
सुला दिया।
मैं उस छोटी बस्ती की
बात नहीं कर रहा
जो आज भी
मानवीय मूल्यों के
साये में बसी है।
जहां की पीढ़ी
आज भी
बूढ़े वृक्षों की छाँव में
शाम कर देती है।
मैं तो अपने इस–
शहर की बात कर रहा हूँ
इस नये मूल्यहीन
परिवेश की बात कर रहा हूँ।
जहाँ का धन वैभव
परमार्थ से आज
पूरी तरह नंगा है।

ठोस आर्थिक सम्बन्ध ही
जीवन की गति तय करते हैं।
हाँ–
सब कुछ बदल गया।
एक दिन–
तेज दोपहरी में
मैं चला जा रहा था
इस दौडते शहर में।
मुझे तेज प्यास लगी थी
मैंने एक दरवाजा खटखटाया
पानी मांगने के लिए।
तभी दरवाजा खुलता है,
एक आधुनिक नारी ने
मुझे इस तरह देखा
जैसे मैं मनुष्य नहीं–
दरिन्दा हूँ।
मैंने कहा–
बहन–पानी चाहिए
प्यास लगी है।
इतना कहना था–
कि तेज घूरती नजरों से
देखकर उसने
खट से दरवाजा बंद कर लिया।
विचारों की शाम हो गई
इसी बंद दरवाजे के सामने।
याद आ गया–
गांव की चौपाल पर
बैठा बाबा अपना
हुक्का गुड़गुड़ाते हुए–
अजनबी को देखकर कहता है–
आओ भई–
नीम की ठंडी छांव में बैठों,
ठंडा पानी पीओ,
भूख लगी हो तो खाना खालो।

कुछ अपनी कहो,
कुछ मेरी सुनो।
आपको अपने गंतव्य का
रास्ता तो याद है?
कैसा आत्मीय प्रेम था–
अजनबी के साथ भी
मगर आज–
दिल के मानवीय सम्बन्ध
पूरी तरह जंग खा गये।
सभी कुछ तो हाशिये से नीचे उतर गया
पश्चिमी हवाओं ने
दिलों की उदारता सोख ली।
प्रवाह आज
शिथिल क्यों हो गया?
ऐसा टकराव क्यों?
सामंजस्य कहाँ गया?
इस पर चिन्तन करना है–
आप भी करें,
मैं भी करूँ,
आज ही करें।
कल देर हो जायेगी।
मुझे तो विश्वास है?
कल का ''कल''
कल फिर आयेगा।
सभी कुछ आशातीत होगा।
समय परिवर्तित होता है।
जरूर इस काली अंधेरी रात के बाद
सुखद सवेरा होगा।
इस सूखे पतझड़ के बाद
जरूर बहुरंगी बसन्त आयेगा।
नयी–नयी कोपलें फूटेंगी,
सम्पूर्ण धरती दुल्हन बन जायेगी।
पूरा संसार फिर,
हरा भरा हो जायेगा।

नई–सभ्यता के अक्षर

आँखों की रोशनी–
इन पच्चीस वर्ष बूढ़े चश्मों में,
कहीं खो गई।
दूर–दूर तक–
कोई –नज़र नहीं आता,
जिसे पुकार सकूँ,
खाट ''झोली'' हो चुकी,
ठीक इस ज़माने की तरह।
मेरा शरीर मेरे कहने में नहीं,
खाट की ''पातियाँ'' कसानी है।
सिर्फ मेरे घर में–
एक ये ही तो निशानी है
मेरे सादे यौवन की।
एक मुद्दत गुजर गई
आसमान में चंदा पर बैठी–
बूढ़ी माँ को देखे,
पता नहीं उसका चरखा थमा है या नहीं,
किसके लिए करती है?
इतनी मेहनत,
कौन जानता है?
'तकुए' के नाम को,
ये तो परमाणु–बम का ज़माना है।
कौन याद रखता है?
सौ वर्ष की दोस्ती,
बस पल भर की दुश्मनी,
सभी एलबम में सहेजे हैं।
चारो ओर–
दूर–दूर तक
सभी 'सिंगल' नज़र आते है।
मेरी ही पीढ़ी–
मेरे हुक्के की गुड़गुड़ाहट से
कितनी बेगानी है।

इस विराट महानगर में–
अपनी चिलम सुलगाने को,
किस हवा को आवाज दूँ?
कुछ समझ नहीं आता।
सभी युवा हवाओं की–
गति कितनी तेज़ है!
सभी का रूख–
सिर्फ पश्चिम को क्यों है?
सभी पृथक है?
सभी के रास्ते अलग–अलग,
सभी की सांसों में
सपने अपने–अपने,
किसी को शामिल करना–
इनकी गति के बाहर है।
कितनी निर्बाध है।
कितनी भौतिक है!
कितनी दुघर्ष है!
आज की उपज,
जिसमें सिर्फ ठुंठ ही ठुंठ है।
कन्द,
मकरन्द,
फूल,
लतायें,
बयार,
सुगंध,
कुछ नहीं।
सारा समाज क्यों?
बाजार बन गया।
आज पितामह–
रोग–शय्या पर पड़ा
अकेला दम तोड़ता है।
पिताश्री की फसल के दाने–
आज 'डैड' हो गये।
जननी का दूध–

ममत्व से दूर बिखरा है।
आर्य–पुत्र दूर कहीं–
उजाड़ शिवालिक में,
इस परिवर्तन पर विचार–मग्न है।
जो देख रहा है–
दूर–दूर तक आदर्शों की चिताओं से,
धुआँ उठते,
विचारों के महाद्वीपों को–
द्वीपों में बंटते।
विवश होकर चुपके से–
पास पड़े किसी पत्थर से कहता है,
तुम लुढ़क जाओ–
इसी समय गंगा में,
और नई जमी फसल से कह दो–
रोज बापू की हत्या,
अब मत करो,
उसके एक वस्त्र को–
सिर्फ वस्त्र रहने दो,
टुकड़ों में मत बांटों।
पुरातन ही पूज्य है।

ढूंढो तो जीवन–

नहीं लिख पाता मैं कुछ
इस ठण्डे शोर गुल में
टकरा कर पंछी–
जीवित सा
मेरे ही पंखे से
बार–बार गिर जाता है।
भागता हूँ
जीवन के पीछे कई बार–
बेशक मैं उन लोगों में से हो गया हूँ–
जिनके पास सोचने को बहुत है,
करने को कुछ नहीं।
बार–बार
खिड़की पर बैठे–
मैं–
सिर्फ एक सोच की पोली शहतीरे
तरतीब से लगाकर–
दूर आसमान तक,
एक झूलता पुल बनाने की कोशिश में लगा हूँ
लगातार–
न जाने कितनी बार
कितनी बातों के टुकड़ें–
सोच लेता हूँ।
लेकिन लौट–लौट–
उसी कगार पर आ जाता हूँ,
जहाँ से–
घुटनों के बल सरका था।
मैंने दोनों हथेलियों की
अपनी मुट्‌ठी कसी है,
और भींचा है–
बावले बसन्त को
मगर विराट नील
भर भरा कर छन गया।

आज भी रोज की तरह–
उसी खण्डहर पर खड़ा हूँ।
और–
विसर्जित करता जाता हूँ।
कड़वी अनुभूति के निश्शेष
चुभती हवाओं को,
गुमशुम चट्टानों को,
पारदर्शी नदियों को,
निश्शब्द,
निनिर्मेष।
सुनो–
एक दिन शिकायत की–
मैने ठहरे समय से
कि अपनी–
लालटेन की लौ उँची कर दो,
कि देख सकूँ,
तेरा बदरंगी चेहरा–
कैसे टिका है
सुनसान समुद्री तटों पर,
गहरी अंधेरी गुफाओं में
शांत ऊँचे डरावने शिखरों के आर–पार।
बोला वह–
सच तो यह है–
कि मेरे पास कुछ नहीं है,
जो तुम्हें दे सकूँ
जहाँ मै चला हूँ,
मुझे मत रोको,
सिर्फ मुझे छूने की कोशिश करो,
और हर चुनौती के आगे
जलते रेत को–
अंजली में उठाकर देखों,
सुबह का उगता सूर्य पाओगें
यहीं कहीं–
बैठी होगी–

नन्ही चिड़िया,
देख रही होगी,
अपने ही चुग्गों के घोसलों पर
बरसते ओलों की मार,
न कोई शिकायत,
न वेदना,
न कोई किंकर्तव्य विमूढ़ता,
बस ये ही होनी है,
सोचती है ऐसे–
कि तूफान थमें तो–
जायेगी–
बचे घायलों को–
आगोश में छिपाने,
बतियायेगी उनसे
सहलायेगी उनके घाव,
और ढूंढ़ेगी फिर,
एक नया कोना,
चुनेगी नये तिनके,
नयी सूखी पत्तियाँ,
सूखी आरामदेय घास,
ऊँचे– ऊँचे दरख्तों की
जड़ों के पास से–
पहले से भी
मजबूत घोंसला जो बनाना है।

एक उपेक्षित यथार्थ– बुढ़ापा

आज
मेरे मायने
वास्तव में
कुछ नहीं है।
मैं तो
अपनी ही
दौलत की चौखट पर
अधलेटा सा
यादों के
समुद्र में
बेबस
गोते खा रहा हूँ।
और
अपने ही
खून के
उलाहनों से बने
घोंसले में
बददुआओं के
अंडे से रहा हूँ
अब तो
जिन्दगी भी
साथ़ चलते हुए
डरती है
कि कहीं
किसी मोड़ पर
मैं उससे
खफा न हो बैठूँ
मैंने जिन्दगी के
सारे बसन्त
देखे है
मगर आज
सूखे पत्तों के

ढ़ेर से
मौत का
हाशिया ढूँढ रहा हूँ
मैं आज
अपने
अपनों
के लिए ही
शाम के
कूड़े से,
ज्यादा कुछ नहीं
ये रोज
मेरी मौत को
अपनी दुआओं में
शामिल
जरूर करते हैं।
मेरा पेट
आज इनके
''सरप्लस''
से ही भरता है।
मेरी कहानी का अन्त
सिर्फ अन्त
सुनने की
इन्हें फुर्सत कहाँ?
ये तो अपने
भविष्य को
संजोये बैठे है
और वर्तमान की
अंधी दौड़ में
सबसे आगे हैं
वैसे तो
मै खुद ही
इस जिन्दगी की
किताब के पन्ने
पलटते–पलटते

टूट चुका हूँ।
मगर अपनो की
उपेक्षा ने
इसमें और
इजाफा
कर दिया
खुश रहो
ये आपके पास भी
आहिस्ता–आहिस्ता
एक रोज
जरूर चला आयेगा।
और अपनी इस मेरी
कहानी को
आप पर भी
शुरू से ही
दोहरायेगा।
फिर मत कहना
क्या जमाना आ गया?
फिर याद आयेंगे
अपने पहले
इतिहास के पन्ने
मित्रगण
आपने मेरी कहानी
तो सुन ली
मगर आपने मेरा
नाम तक
नहीं पूछा, मै कौन हूँ?
खैर मैं बताऊँगा भी नहीं
नहीं तो तुम भी
मुझ पर
मुंह चिड़ाओगें
आपको स्वयं ही
ढूंढना होगा
मेरा नाम

बहुत समय देता हूँ।
सोचने के लिए
ढूंढ़ने के लिए
आज से
'बुढ़ापा' तक।

पलायन

मेरा देश
मेरे गांवों का देश
जहाँ
दूर तक फैली हरीतिया,
बोर से लदे आमों के बाग,
उन पर नाचती गाती कोयल की कू–कू की आवाज,
एक वृक्ष से दूसरे वृक्ष पर
क्रीड़ा करते छोटे–बड़े मनमोहक पक्षियों के झुंड,
बरसात में मन को विह्बल करने वाला मयूर नृत्य,
बाहरी आडम्बर की
दुनिया से बेखबर
अपने–अपने कामों में लगे
सीधे सरल हृदयी मजदूर, किसान
और वातावरण में छाई
सांझ की गोधूलि,
खेतों की मेड़ों पर
आहिस्ता–आहिस्ता चलती बैलगाड़ी
छल–कपट से दूर
प्रसन्नचित बालक–बालिकाओं के क्रीड़ा करते समूह।
ये महामहिम चित्र है,
मेरे महामहिम अखण्ड भारत के महामहिम ग्राम का।
जहाँ मेरे देश की
वास्तविक संस्कृति निवास करती है,
जिसमें
मेरे प्यारे देश का
वास्तविक अस्तित्व छिपा है,
जिसमें इस देश को
विश्व शिरोमणि बनाने वाले
इतिहास पुरूषों ने जन्म लिया है।
जिससे
विश्व की कोटि–कोटि सभ्यताओं एवं संस्कृतियों ने
बहुत कुछ ग्रहण किया है।

जिन गांवों के अस्तित्व से
इस भारत की अनेकता में एकता की विश्व प्रसिद्ध श्रुति
विद्यमान है।
जिसे देखकर
देवताओं का भी
मनमयूर नाच उठता है।
मगर आज
न जाने कैसी मृग तृष्णा है,
न जाने कैसी लोलुपता है,
न जाने कैसी भौतिकता है।
कि सभी इन स्वर्ग मयी ग्रामों से निकलकर
उन महानगरों की ओर
दौड़ रहे हैं,
दौड़नें की सोच रहे है।
जहाँ
इन्सान, एक इंसान के दर्द को नहीं जानता,
उसे इंसान से दो टूक बात करने की,
फुरसत कहाँ?
वह तो भौतिकता,
बिलासिता
अनैतिकता की फसल उगा रहा है।
जहाँ वायु,
जल,
वातावरण,
पशु–पक्षी,
धूप छाँव
सभी कुछ तो कृत्रिम होता है।
और इंसान को
सांस लेने से पहले भी
एक बार सोचना पड़ता है
कि सांस लूँ या न लूँ
और इस अंधी दौड़ से
गाँवों का वास्तविक अस्तित्व
मिटता जा रहा है।

महामहिम भारत की
वास्तविक पहचान
धुंधली होती जा रही है।
और
अमानवीयता,
अनैतिकता,
भौतिकता,
बिलासिता,
चरित्रहीनता, और
मानव–मूल्यों में गिरावट
जैसी प्रवृति आज बढती जा रही है।
जिसे रोकना होगा।
प्राचीन भारत के अस्तित्व
को बचाये रखने के लिए
इंसान को इंसान
बनाये रखने के लिए,
और गांधी जी के उस व्यक्तव्य को
सार्थक बनाये रखने के लिए
कि भारत तो गाँवों का देश है।
इसकी वास्तविक अस्मिता तो
गाँवों में छिपी है।

दहेज दानव

ऐ पुरूष,
ऐ पुरूषपिशाच,
ऐ पुरूष प्रधान समाज
मेरा तिरस्कार मत कर,
मेरे जनक–जननी को जीवन पर्यन्त की असीम पीड़ा मत दे।
मुझे मतसता,
मुझे मत जला,
मेरे वजूद को समाप्त न कर
मै तो तेरी माँ हूँ,
मै तो तेरी बहन हूँ,
मैं तो तेरी बेटी हूँ,
मै तो तुझे उन्नति के पथ पर बढ़ते रहने के लिए
तेरी प्रेरणा हूँ,
मैं तो इस संसार की निर्मात्री हूँ,
मैं तो इस संसार की सुन्दरता की मापक हूँ
मैं तुझे अपनी कोख में पाल कर
प्रकृति के ऐसे दर्द को सहती हूँ,
कि तुझे उसका अहसास तक नहीं
मेरा औचित्य तो समझ
मेरा अस्तित्व तो पहचान
मेरी विवशता पर सोच
मुझे अग्नि के कुण्ड में मत धकेल
चन्द दहेज की खातिर,
चन्द दौलत के लिए,
चन्द धातु के लालच में या
विनाशकारी भौतिक सुख साधनों की मोह पिपासु में
मैं तेरी एक माँ बनकर
तुझे जन्म देती हूँ
तुझे अपना खून पिलाती हूँ
तेरी खातिर
अपना अस्तित्व भूलकर
तुझे एक इंसान बनाती हूँ

मैं तेरी एक बहन बनकर,
तुझे एक बहन का प्यार देती हूँ
एक नारी होकर,
तुझे नारी के अस्तित्व का अहसास कराती हूँ
मैं तेरी एक पत्नी बनकर
अपने पिछले सभी रिश्तों को लगभग त्याग देती हूँ
सिर्फ एक तेरे लिए
तुझे सब कुछ प्रदान करने के लिए
तेरे अस्तित्व को बनाये रखने के लिए
इसलिए मुझे प्रेम दें
क्योंकि मैं नारी हूँ।
मुझे सुरक्षा प्रदान कर,
क्योंकि मैं अबला हूँ।
मुझे आत्मीयता दें,
क्योंकि मैं विवश हूँ।
मुझे सम्मान दें,
क्योंकि मैं तेरी पूरक हूँ।
फिर एकाग्रचित होकर सोचना
मैं तुझमें दूर–दूर तक
अपनी ही अपनी नजर आऊँगी।

टूटता परिवार

पहले मैं संगठित था,
लगभग अविभाज्य था
मेरे सभी सदस्य
'अहले फज़र''
अपनी अपनी चारपाईयों को
छोड़ देते थे।
और जुट जाते थे
अपने अपने नियत कामों में
कोई गाय भैसों को
दूह रहा है।
कोई उनका गोबर समेट रहा है।
कोई चारा काट रहा है,
तो कोई खेतों की ओर दौड़ रहा है,
अपने–अपने कामों के लिए।
कितना प्रेम था उनमें,
कितना सरल था उनका जीवन
कितनी सीमित थी उनकी आवश्यकताऐं
कितना अकाट्य था उनका लक्ष्य
छल–कपट, मन–वैमनस्य
उनसे कोसों दूर था।
सभी भली भांति जानते थे
अपने बीच रिश्तों को
अपने बीच की दूरियों को
जिन्दगी उनसे खुद जीना मांगती थी।
दोपहर को बगड़ के नीम तले
चारपाई डाले बतियाते थे,
और एक वास्तविक हँसी के साथ
एक दूसरे के दुख दर्द को सुनते थे,
समझते थे और आपस में बांटकर
दूर करते थे।
वैसे उनके जीवन में दर्द होता भी नहीं था।
क्योंकि जीवन जितना सरल होता है

दुख दर्द विहीन होता है।
पेट भर रोटी
तन बदन ढकने को अधूरा वस्त्र
और रहने को
सीमित जगह
ये ही उसके जीवन का लक्ष्य था,
उसके जीवन की पराकाष्ठा थी,
उसके जीवन की दुनिया थी।
मगर आज
आज तो सब कुछ ही बदल गया है,
सारे मायने ही बदल गये हैं,
आज मेरी परिभाषा ही बिखर गयी है।
मेरा मूल अस्तित्वही
चरमरा गया है।
आज मैं स्वयं
अपनी छाया को ढूंढ रहा हूँ।
मेरे से ही जुड़े
गलियों के गुल्ली डंडों के खेल,
विवाह एवं खुशियों के मौकों पर
आयोजित स्वाँग का समारोह
"भूड़" के दंगल
घर के धूमालों से छनता सूरज का प्रकाश
बिटोड़ों का झुरमुट
कांस की घास के जंगल
ज्वार और मक्का के खेतों पर बने टांड
सांझ की गोधूलि,
चान्दनी रात में आंख मिचौली का खेल
सभी तो आज ग्रामीण इतिहास के
पन्नों पर आ बैठे है।
आज मेरा अस्तित्व
सिर्फ दो बुजुर्गो तक है,
जिनको परिचित कराने के लिए
कभी–कभी शहर से आये मेरे बेटे को
स्वयं अपने बेटे से भी

ये बताना पड़ता है
कि बेटे आप इन्हे नहीं जानते
ये ही तो आपके दादा दादी है।
आह!
कैसी विडम्बना है?
कैसा सांसारिक चक्र है?
कैसी दूरियां है?
रिश्ते कितने अनजान हो गये,
कितने दूर हो गये
आज अपना ही खून
कितना तन्हा हो गया।
और मैं स्वयं
जाने अनजाने में
कितना खंडित हो गया?

बदलते आयाम

जिन्दगियां,
जातियां,
बस्तियां,
तन्हाईयां
विचारों के झंझावात
कल भी थे,
और आज भी हैं।
मगर न जाने आज
ये सबके सब
क्यों एकाकी हो गये?
क्यों?
ये सभी
अहम् के फुटपाथ पर
चलते फिरते है,
और मैं ये सब देखकर
भारतीयता की गोद में बैठा
निरन्तर रो रहा हूँ।
कहाँ गयी
पहली इंसानी जिन्दगियां
जिसमें प्रेम,
सहयोग,
अपनत्व,
सहनशीलता,
परस्पर विश्वास
जन्मजात होते थे।
मगर अफसोस,
आज तो ये सब
खुदगर्ज़ी के बाज़ार से
वक्त जरूरत पर ही
खरीदे जाते है।
आज तो
जातियों की परिभाषाऐं भी,

कितनी गूढ़ हो गयी है।
पहले जैसा
इनमें आज तारतम्य कहाँ?
अब तो एक दूसरे की ये
सौतन बनी बैठी है
जिनको कल तक
बोलना तक नहीं आता था
आज वे एक दूसरे को
तुतलाती है।
और बढ़ जाती है बातें
इतनी कि इन्सायित भी देखकर
दुबक जायें।
और
सारी की सारी बस्तियां
जो कल तक
सभी एक ही छत के नीचे बस्ती थी,
आज अपने–अपने वजूद में
बंट गयी है।
ऐसे
कि जिससे पलक झपकते ही
शहर कांपने लगता है।
कल तक
जो तन्हाईयां
अपने आप मिल जाती थी
आज उनको इंसान
ढूंढता फिरता है।
कल की तन्हाईयों में
कोई मकसद नहीं था।
मगर आज
ये ही तनहाईयां
मकसदों से
लबरेज होती है।
इन्सारी ख्यालात
कितना वीभत्स हो चुका है।

उसका आज अपना
कोई मानक नहीं
उसमें पिछले संस्कारों की
विरासत कहाँ?
वह तो संकीर्णता के
वृक्ष पर बैठा
मानवता का
मुँह चिढ़ा रहा है।
आह–
मान्यताऐं कितनी परिवर्तनीय हो गयी।
धाराऐं कितनी कलुषित हो गयी।
आशाऐं कितनी खण्डित हो गयी।
हवायें कितनी अखड़्ड हो गयी।
ऐ इन्सान
इस परिवेश को त्याग दें।
तू तो महान राष्ट्र वासी है?
सृष्टिकर्ता की अनुपम सृष्टि है।
विधि का विश्वास है,
भूगोल की सीमाओं से परे
मानव मंगलकारी है।
एकात्मका का प्रहरी है।
उठ–
अंधेरें खण्डहरों से निकल
और संतापित मानव मात्र की
सेवा में निस्वार्थ जुट जा।
ये देखकर
मैं भी चुप हो जाऊँगा।

रिश्तों का मरूस्थल

सभी
रक्त के बन्धन
सम्बन्धों की गाँठें
अपनों का–
दूर–दूर तक फैला जाल
कितने ढीले हो गये।
क्यों विराटता के–
संकुचित अवसान पर
ला खड़ा हूँ?
ये मानव रक्त में
कैसी फूटी हैं–
नयी कोपलें।
कल की–
निर्विकारता में
आज धुंध आता हूँ।
अपने पास खड़ें
अपनों तक
नापता हूँ
थकते फासलें।
अमानुषों की भीड़ में
दम तोड़ रहा हूँ–
मरते–मरते।
मेरे आँसूओं का
जलपान करती हैं
आज की पीढ़ी
बड़ी बेहयाई से।
क्यों नहीं अच्छा लगता
बोलता हुआ कौआ
दालान की मुंडेर पर
एक सुबह?
सिकुड़ कर रह गया हूँ
सिर्फ इतना

कि–
सूर्य छिपने से पहले
भुला दिया जाता हूँ।
रात में–
यथार्थ की पहाड़ी से उतर कर
सो जाता हूँ
आकर
अपने ही घर।
देर तक–
फुर्सत में बैठकर
बतियाने का सिलसिला
इस घूमती जिन्दगी के
चक्र में फंसकर
कहीं तार–तार हो चुका।
और–
गर्मजोशी का वृक्ष
कभी का पतझड़ खड़ा है।
सिर्फ एक–
औपचारिकता का घुन
लगा है–
मेरी जड़ों को
मुझे खोखला करने
इतना कि–
मेरे टिकाऊ होने की
कोई गारन्टी नहीं।
अब तो बची है
मेरी रूकती–रूकती सांसे
या बचा है–
बीते कल का खंडहर।
हाँ एक खंडहर
जो आत्मीय मूल्यों से
बिल्कुल खाली है,
जहाँ कोई–
शाश्वत स्पंदन नहीं

जिसके प्रेम पक्षी
कभी के कूच कर गये।
इसका निस्पंद ढेर
बिकता है–
आज के आर्थिक बाजार में।
ये तो–
बावली रेत है मेरे वजूद की
जो उड़ती रहती है
इधर से उधर
और ठस जाती है
चिन्तित मस्तिष्क को
और ओढ़ लेती है
ऐसा रेगिस्तान–
कि जलता रहता है
स्वयं में।
और–
जिसमें दूर–दूर तक नहीं है
अर्पण का–
एक ओक पानी